V Zane
2460

48195

NOUVELLES REGLES POUR LE JEU DE MAIL.

TANT SUR LA MANIERE d'y bien joüer, que pour décider les divers évenemens qui peuvent arriver à ce Jeu.

A PARIS,

Chez { CHARLES HUGUIER, Imprimeur-Libraire, ruë Saint Jacques, à la Sagesse. ET ANDRÉ CAILLEAU, Quay des Augustins, près la ruë Pavée, à Saint André.

────────

M DCC XVII.

AVEC PRIVILEGE DU ROY.

TABLE DES TITRES.

PREMIERES REGLES POUR BIEN JOUER AU MAIL. Page 1
ATTITUDE DU CORPS. 3
DIFFERENTES MANIERES DE JOUEURS. 5
MAINS, BRAS. 7
PIEDS. 8
MAIL. 9
BOULES. 10
COMPAS POUR MESURER LES BOULES. 14
LA BERNARDE. 14
MASSES OU TESTES DE MAIL. 18
LONGUEUR DU MANCHE DE MAIL. 19

TABLE DES TITRES.

NOUVEAU MAIL COMME UN BILLARD. 23
PASSE. 25

SECONDES REGLES POUR LE JEU DE MAIL;

SUR LES DIVERS EVENEMENS QUI ARRIVENT A CE JEU.

REGLES GENERALES. 27
DU DEBUT. 33
DES GRANDS-COUPS. 36
DES BOULES SORTIES, ARRESTEES, POUSSEES, PERDUES, CHANGEES, CASSEES, ET DEFENDUES. 37
DU TOURNANT, DU RAPPORT, ET DE L'AJUSTEMENT. 41
DE LA PASSE. 43
DE LA PARTIE. 55

REGLES PARTICULIERES.
CONCERNANT LE MAISTRE DU MAIL, OU SON COMMIS, ET LES PORTES-LEVES. 57

NOUVELLES REGLES POUR LE JEU DE MAIL.

L y a deux sortes de Regles pour le Jeu de Mail; les unes, *sur la maniere d'y bien joüer*; les autres, *pour decider les divers evenemens qui peuvent arriver à ce Jeu*. On commencera par les premieres, qui sont les plus essentielles.

A

Il est certain que de tous les Jeux d'exercice, celui du Mail est le plus agréable, le moins gênant, & le meilleur pour la santé; il n'est point violent, on peut en même temps joüer, causer, & se promener en bonne compagnie. On y a plus de mouvement qu'à une promenade ordinaire; l'agitation qu'on se donne en poussant la Boule d'espace en espace, fait un merveilleux effet pour la transpiration des humeurs, & il n'y a point de rhumatismes ou d'autres maux semblables, que l'on ne puisse prévenir ou guérir par ce Jeu, à le prendre avec modération, quand le beau temps & la commodité le permettent.

Il est propre à tous âges, depuis l'enfance jusqu'à la vieillesse; sa beauté ne consiste pas à faire de grands coups, mais à joüer juste

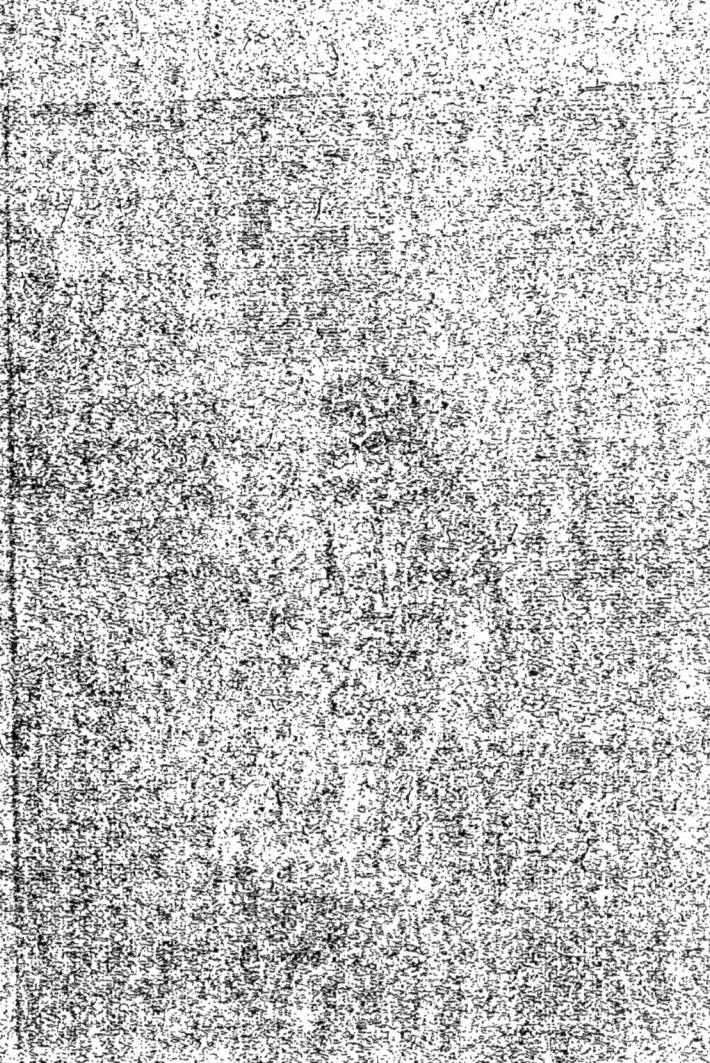

Attitude du corps pour le Debut
page 3.
a Paris Chez le Sr. de Mortain Sur le pont Nostre Dame

POUR LE JEU DE MAIL. 3
avec propreté, sans trop de façons; & quant à cela, on peut joindre la sûreté & la force qui font la longue étenduë du coup, on est alors un Joüeur parfait.

Pour parvenir à ce dégré de perfection, il faut chercher la meilleure maniere de bien joüer, se conformer à celle des beaux Joüeurs, se mettre aisément sur sa Boule, ni trop près, ni trop loin, n'avoir pas un Pied guere plus avancé que l'autre; les Genoux ne doivent pas estre ni trop mols, ni trop roides, mais d'une fermeté bien asseurée pour donner un bon coup.

ATTITUDE DU CORPS.

Le Corps ne doit estre ni trop droit, ni trop courbé, mais médiocrement panché, afin qu'en frapant il se soutienne par la force des Reins, en le tournant doucement en arriere de la ceinture en haut avec la Tête, sans toutefois perdre la Boule de vûë.

C'est ce demi tour du Corps qu'on appelle *jouer des Reins*, qui faisant faire un grand cercle au Mail, fait l'effet de la force mouvante qui vient de loin.

On ne doit pas lever le Mail trop vîte, mais uniment, sans se laisser emporter, le tenir un instant dans sa plus haute portée, pour fraper sur le champ le coup avec vigueur, en y joignant la force du Poignet, sans changer neanmoins la situation du Corps, des Bras, ni des Jambes, afin de conserver toujours la même union sur l'ajustement que l'on a dû prendre du premier coup d'œil avec sa Boule.

Comme on doit tourner le Corps de la ceinture en haust en frapant le Coup pages 4. et 5. a Paris chez le Sr de Mortain sur le pont Nostre Dame.

POUR LE JEU DE MAIL. 5
DIFFERENTES MANIERES DE JOUEURS.

On voit des Gens *qui ne joüent que des Bras*, c'est à dire qui ne font pas ce demi contour du Corps qui vient des Reins; mais outre qu'ils s'incommodent la Poitrine par le grand effort qu'ils font faire à leurs Bras seuls en racourci, ils ne sçauroient jamais estre ni beaux ni forts Joüeurs, parce qu'ils ne levent pas le Mail assez haut.

Quelques-uns le levent trop sur leurs Têtes ou sur leurs Epaules, d'autres ne le levent qu'à la moitié de leur taille, & frapent la Boule par secousse comme s'ils donnoient un coup de foüet: Il y en a qui ouvrant étrangement les Jambes, & se cramponnant sur la pointe des Pieds, s'aban-

A iij

donnent si fort sur la Boule, que s'ils venoient à la manquer tout à fait, rien ne les empêcheroit de tomber, & de donner, comme l'on dit, du nez en terre; quelques autres levent en l'air le Coude gauche pour mesurer le coup, ce qui fait que tres rarement ils touchent la Boule à plein.

Toutes ces manieres sont aussi mauvaises que desagréables, & on doit les changer. Chaque Exercice a ses Loix qu'on est obligé de suivre; la Danse, le Manége, les Armes, ont une attitude & une contenance reglées, sans lesquelles on ne sçauroit rien faire que grossierement & de mauvaise grace.

Le Mail est à peu près de même, c'est un Jeu Noble, exposé à la vûë du Public, c'est pourquoi

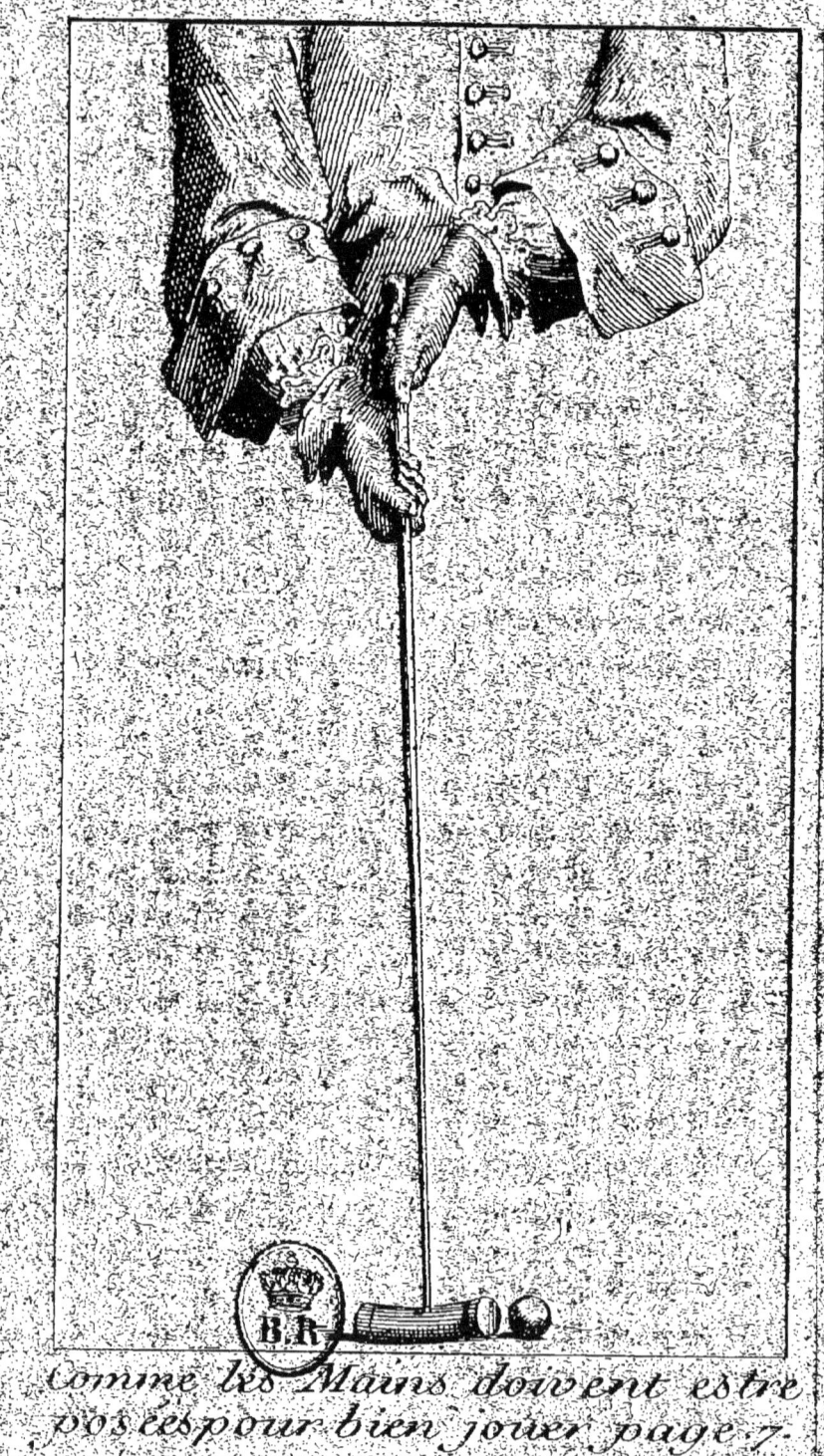

Comme les Mains doivent estre
posées pour bien jouer page 7.
a Paris chez le Sr. de Mortain sur le pont Nostre Dame

POUR LE JEU DE MAIL. 7
on ne sçauroit y joüer devant le Monde que suivant ses veritables Regles.

MAINS, BRAS.

Les Mains ne doivent estre ni serrées ni trop éloignées l'une de l'autre; les Bras ni trop roides ni trop allongez, mais faciles, afin que le coup soit libre & aisé. La Main gauche, qui est la premiere posée, doit avoir le Pouce vis-à-vis le milieu de la Masse; le Pouce de la droite doit croiser un peu en biais sur la pointe des autres Doits, ne pas estre dessus ni à côté du Manche; car c'est ordinairement ce qui fait *croisser* parce que si en levant les Mains pour donner le coup, on n'a le Pouce droit ainsi croisé, la Masse varie en tombant sur la Boule, & ne sçauroit la fraper en son point.

Il faut donc que la Main droite tienne le Mail comme les Joüeurs de Paume tiennent la Raquette, car ce Pouce ainsi accroché avec le bout des autres Doits, est bien plus ferme, dirige mieux le coup où l'on veut aller, & donne plus de facilité & de force au Poignet, qui doit agir vivement en l'un & en l'autre de ces deux Jeux.

PIEDS.

Pour estre bien sur la Boule, il faut se bien assurer sur ses Pieds, se mettre dans une posture aisée, que la Boule soit vis-à-vis le Talon gauche, ne pas trop reculer le Pied droit en arriere, ni baisser le Corps, ou plier le Genoüil quand on frape, parce que c'est ce qui met le Joüeur hors de mesure, & qui le fait souvent manquer.

POUR LE JEU DE MAIL. 9

Toutes ces observations sont de consequence, à quiconque voudra les suivre, pour bien joüer. On ne doit pas estre long-temps à mesurer son coup, une seule fois, avec un peu d'habitude, suffit; & l'on remarque que ceux qui sont plus longtemps à tâtonner leur Boule, sont ceux qui la manquent plûtôt, dont on se moque après, parce que ceux qui voyent joüer aiment qu'on soit prompt, & qu'on ne joüe pas de mauvais air.

MAIL.

Pour acquerir cette justesse si necessaire à ce Jeu, & qui en fait toute la propreté, il faut avoir un Mail qui soit toujours de même poids & de même hauteur, ce qui doit estre proportionné à la force & à la taille du Joüeur. Si le

Mail est trop long ou trop pesant on prend la terre, s'il est trop court ou trop leger il ne donne pas assez de force, & l'on prend la Boule par dessus, ou comme on dit, *par les cheveux*. Il importe donc à chaque Joüeur de se choisir un Mail qui luy convienne, dont il se rende le maître, & qu'il proportionne encore la Boule à la Masse; car il est bon de prendre garde à tout.

BOULES.

Si on joüe d'un Mail dont la Masse ou la Tête ne pese que dix onces, on joüera mieux & plus loin d'une Boule qui n'aura que environ la moitié de ce poids, que d'une plus forte. Si on joüe d'une Masse de treize à quatorze onces, qui sont celles dont on se sert le plus communément, il est

POUR LE JEU DE MAIL, il certain qu'avec des Boules de cinq à six onces on fera de plus grands coups; cela dépend quelquefois du temps qu'il fait, & du terrain sur lequel on joue. Il est bon de sçavoir, que quand le vent est favorable, ou que le terrain est sablonneux, ou qu'il descend un peu, quoique d'une maniere imperceptible, il faut joüer de grosses Boules, qui n'excedent pas pourtant la portée de la Masse, & l'on fera de plus grands coups. Quand le temps est humide, ce qui rend le terrain du Jeu *sourd*, c'est-à-dire, difficile à couler, on joüera des Boules legeres, qui iront mieux que celles qui sont de poids; mais quand il fait beau, que le terrain est sec & uni, c'est alors que pour faire de plus grands coups, on doit joüer des Voguets ou petites Boules, qui ayent bien leur poids, en gardant toujours neanmoins, autant qu'il est possible, la proportion ci-devant observée du poids de la Masse avec celui de la Boule.

Il ne sera pas inutile de remarquer combien il est avantageux à ce Jeu d'avoir de bonnes Boules ; c'est le pur hazard de la Nature qui les forme, & s'il faut ainsi dire, qui les paitrit ; mais c'est l'adresse du Joüeur habile qui acheve de les faire en les bien joüant, de les connoître pour s'en servir à propos.

Ces Boules sont de racines de boüis, les meilleures viennent des Pays chauds, on les trouve dans des fentes ou petits creux de rochers, où il se fait des nœuds, on les coupe, & on les laisse sécher un certain temps ; après quoy les ayant fait tourner &

POUR LE JEU DE MAIL. 13
battre à grain d'orge; on ne les
joüe qu'à petits coups de Mail
sur un terrain graveleux; on les
joüe ensuite plus fort, on les fait
froter avec de la Parietaire toutes les fois qu'on les accommode
après qu'on s'en est servi. Enfin,
à force de coups de Mail, & de
les faire rouler, elles deviennent
dures; on prend garde à celles
qui vont le mieux, c'est-à-dire,
qui ne sautent & ne se détour-
nent point de leur chemin, ou
pour parler le langage du Mail,
qui ne s'eventent pas. Alors on
doit mesurer ces Boules ainsi faites, les tenir dans un sac avec du
linge sale, qui est le meilleur endroit, ni sec ni humide, où on les
peut conserver saines, on doit les
peser pour sçavoir le poids au
juste de celles qui vont le plus
loin, lesquelles doivent estre cer-

tainement regardées comme les meilleures.

COMPAS POUR MESURER LES BOULES.

Pour cela on avoit ci-devant des mesures de papier, mais on a inventé depuis une espèce de Compas rond, pour marquer le poids que doivent avoir ordinairement les bonnes Boules, de toutes sortes de grosseurs, depuis le *Voguet* jusques au *Tabacan*, ce qui est très commode.

LA BERNARDE.

Il y a eu une Boule d'un grand renom, dont l'Histoire ne sera peut-être pas inutile ni désagréable, & fera voir de quelle importance est une bonne Boule au Jeu de Mail. Un Marchand de Boules de Provence en apporta un

POUR LE JEU DE MAIL. 15
gros sac à Aix: Les Joüeurs qui
estoient en grand nombre en
cette Ville, les acheterent toutes
trente sols piece, à la reserve
d'une seule qui estant moins bel-
le que les autres, fut rejettée. Un
bon Joüeur nommé BERNARD,
vint le dernier, il acheta cette
Boule de rebut, dont il ne voulut
donner que quinze sols, elle pe-
soit sept onces deux gros, &
estoit d'un vilain bois à moitié
rougeâtre; il la joüa longtemps,
la fit, & elle devint si excellente,
que quand il avoit un grand coup
à faire, elle ne luy manquoit
jamais au besoin, & luy faisoit
gagner immanquablement la
Partie. Elle fut appellée *LA
BERNARDE*. Le President de
Lamanon qui l'a oüe depuis, en a
refusé plusieurs fois cent Pistoles.
LOUIS BRUN, un des plus

grands Joüeurs de Mail qu'il y ait eu en Provence, qui dans un Jeu uni, sans vent & sans descente, faisoit jusques à quatre cens cinq pas d'étenduë, voulut faire une experience de la Bernarde, il la joüa diverses fois avec six autres Boules de même poids & de même grosseur, son coup estoit si égal, que les cinq autres Boules estoient presque toutes ensemble à un pied ou deux de difference; pour la Bernarde on la trouvoit toujours cinquante pas plus loin que les autres; ce qui luy fit dire un jour plaisamment, *qu'avec la Bernarde il joüeroit aux Grands-Coups contre le Diable.* On doit croire que ce que cette Boule avoit de particulier, est sans doute qu'elle estoit également pesante partout, depuis sa superficie jusques à son centre, puisqu'elle

POUR LE JEU DE MAIL. 17
qu'elle se soutenoit si bien dans son roulis, au lieu que les autres qui n'alloient pas de même, quoique de poids, estoient inégales dans dans leur pourtour, estant plus pesantes d'un côté que d'un autre, ce qui les faisoit aller de travers, par sauts, ou par bonds.

De ce raisonnement il s'ensuit deux choses. La premiere, que chaque bon Joüeur doit connoître ses Boules, pour les joüer du bon côté qu'elles doivent estre frapées pour aller au plus loin ; il y en a, par exemple, qu'il faut joüer sur le bois, quand c'est là son bon roulis, ce qu'on apprend par l'experience quand on joüe souvent à ce Jeu. La deuxième, que pour donner le juste prix aux Boules, il ne faut pas les prendre au hazard, sur leur beauté, leur

B

dureté, ou leur poids, mais voir quand elles vont bien sous le coup de Mail, & plus loin que les autres de même grosseur.

MASSES OU TESTES DE MAIL.

Ce n'est pas assez pour faire de grands coups d'avoir des Boules faites, il faut que la Tête du Mail soit faite aussi, c'est-à-dire, *qu'elle se soit durcie par les coups qu'elle aura jouë.* L'experience ayant fait connoître qu'une Boule poussée par une Masse neuve ou fenduë, ira moins loin de quelques pas que si elle avoit esté frapée d'une vieille Masse bien saine, & qui a acquis sa dureté.

On a reconnu que les Masses de GEORGES MINIER d'Avignon, qui sont de chesne verd, & surtout celles du Pere, sont

POUR LE JEU DE MAIL. 19
incomparablement mieux faites
& meilleures que de tous autres
Ouvriers.

LONGUEUR DU MANCHE DE MAIL.

Quant aux Manches du Mail
en Provence & en Languedoc,
on ne les tient guere plus longs
que de la Ceinture en bas, parce
qu'on en est bien plus maître,
plus sûr, & moins gêné, sans
remuer sa Boule, en la joüant où
elle se rencontre. Mais comme à
la Cour & à Paris on peut mettre sa Boule en beau, si ce n'est
quand on tire à la Passe, on a
trouvé que la mesure du Manche prise sous l'Aisselle, estoit la
plus juste qu'on pouvoit prendre
pour faire de plus grands coups,
celles qui vont au delà sont outrées, on aura bien de la peine

B ij

20 Nouvelles Regles
à s'y ajuster, & à moins d'une grande habitude, on ne fera quelques grands coups que par hazard : Ainsi on doit conseiller à ceux qui veulent joüer au Mail, de commencer par un qui ne vienne qu'à la Ceinture, dont ils se rendront maîtres en ne joüant d'abord que des demis coups ; à mesure qu'ils se fortifieront, ils pourront allonger leur Mail de deux ou trois pouces, jusqu'à ce qu'ils puissent s'accoutumer à bien joüer d'un qui vienne jusques à l'Aisselle, & s'en tenir là pour se rendre tres forts Joüeurs ; que si on n'observe pas cette petite gradation, on doit s'assurer qu'on ne joüera jamais avec la justesse ni avec la propreté que demande ce Jeu.

On peut ajouter pour la bien-seance, qu'on n'aime pas à voir

POUR LE JEU DE MAIL. 21
en public des Personnes de Condition, sans Veste ou Juste-au-corps, ni sans Perruque; on peut estre legerement & commodément vêtu, n'avoir pas de ces Vestes bigarées ou miparties de differentes étoffes, avoir de petites Perruques naissantes, ou noüées, & un Chapeau, ce qui sied toujours bien, & est beaucoup plus honnête devant le Monde, que d'avoir des Bonnets quelques beaux & magnifiques qu'ils puissent estre. Il ne faut pas oublier qu'on doit toujours joüer les Mains gantées, ce qui, outre la propreté, sert à tenir le Mail plus ferme quand on donne le coup, & garantit en même temps les Mains de durillons.

Il y a des Personnes qui en joüant la premiere fois au Mail, voudroient faire d'aussi grands coups que les Maîtres, ce qui n'est pas possible, on ne peut acquerir la justesse & la sûreté de ce Jeu, qu'avec un peu de patience, en s'y accoutumant insensiblement par des demis coups : Car les Maîtres & les bons Joüeurs ne s'y rendent habiles qu'en joüant souvent plusieurs Boules qu'ils se renvoyent à petits coups l'un à l'autre, ce qui fait un double bon effet, en ce qu'ils joüent sûrement sans façon, & qu'ils battent leurs Boules neuves.

   Ce Jeu ayant toujours esté regardé comme un des plus innocens & des plus agreables amusemens de la vie, puisqu'on y joint la force à l'adresse, qu'on s'y fait une santé plus robuste qu'en tout autre exercice du Corps, & qu'on y peut joüer sans peine depuis l'enfance jusques à l'âge le plus avancé.

POUR LE JEU DE MAIL. 23
NOUVEAU MAIL COMME UN BILLARD.

On pourroit faire un nouveau Jeu de Mail à une Maison de Campagne, plus court, où l'on ne feroit que de petits coups de mesure, sur les Regles, & comme on joüe au Billard.

Il suffiroit pour cela d'avoir une allée de cent cinquante ou deux cens pas de long, sur dix ou douze pas de large plus ou moins, la rendre tres unie, la faire entourer de pierres bien jointes, ou de planches de chesne un peu épaisses, mettre un Archet à chaque bout, & un Pivot de fer au milieu; l'on débuteroit vis-à-vis de l'Archer, pour s'aller mettre en passe à l'autre bout, comme on fait au Billard, joüer toujours du Mail & la Boule d'où

24 NOUVELLES REGLES
elle seroit, & celui qui après avoir passé à l'Archet, toucheroit le premier au pair, ou au plus au fer du milieu, qui seroit comme *Livet* est au Billard, gagneroit la Partie. Ce qui ne laisseroit pas de faire un divertissement très agréable à diverses Personnes de tous états & de tous âges, qui jouëroient au Rouër, ou en Partie, comme au Billard. L'avantage qu'on y trouveroit, c'est qu'on prendroit l'air à couvert dans un exercice modéré, sans beaucoup de fatigue, & qu'on se rendroit sûr insensiblement pour jouer parfaitement bien au Mail, ou toute la science consiste, comme on l'a déja dit, à fraper nettement sa Boule, ce qu'on n'acquiert qu'en s'accoutumant à la bien jouer par de petits coups, d'où l'on parvient ensuite à en
faire

Comme on doit estre quand on tire
a la passe pour finir la partie. p.
a Paris Chez le S.r de Mortain Sur le pont Nostre Dam

faire de grands, quand on s'est bien assuré sur sa Boule, & qu'on la pousse & dirige juste où l'on veut.

PASSE.

Après ce qui vient d'estre observé pour le Jeu de Mail, il faut dire quelque chose pour bien tirer à la Passe avec la Leve, quand on est à la fin de la Partie du Jeu ordinaire. Il faut se mettre de bonne grace sur sa Boule d'acier, qu'elle soit à la pointe, ou à deux & trois doits du Pied droit en dehors, s'ajuster du Bras & de l'œil sans faire trop de façons, ni aucune grimace ; avoir le Corps médiocrement panché sur la droite, & la pointe du Pied gauche legerement posée à terre, afin qu'en tirant le coup on avance un peu vivement, & ensemble le Corps avec le Pied gauche, & que l'on

26 Nouvelles Regles
fasse agir en même temps l'œil, le Bras, & le Poignet, pour porter sa Boule juste, & si l'on peut, de volée, le plus près du milieu de l'Archet, afin de le franchir hardiment pour gagner la Partie. Toutes les autres manieres de tirer à la Passe, comme d'avancer le Pied gauche, mettre la Boule à côté, en dedans, ou entre les deux Pieds, bien loin d'estre bonnes, sont au contraire de tres mauvaise grace.

SECONDES REGLES POUR LE JEU DE MAIL.

SUR LES DIVERS EVENEMENS QUI ARRIVENT A CE JEU.

REGLES GENERALES.

I.

Il y a quatre manieres de joüer au Mail; au *Roüet*, en *Partie*, aux *Grands-Coups*, & à la Chicane.

II.

Joüer au *Roüet*, c'est quand chacun joüe pour soy & par tête, un seul en ce cas, passant au pair ou au plus quand il se trouve en ordre, gagne le prix dont on estoit convenu pour la Passe.

III.

On joüe en *Partie*, quand plusieurs se mettent d'un côté pour joüer avec d'autres d'égales forces, en pareil nombre; & si le nombre est inégal, on peut faire joüer deux Boules à un seul d'un côté, jusques à ce qu'un autre Joüeur survienne pour remplir la place vacante.

IV.

Aux *Grands-Coups*, c'est quand deux ou plusieurs joüent à qui poussera plus loin, & quand l'un est plus fort que l'autre, le plus foible demande avantage, soit par distances d'arbres, soit par distances de pas.

POUR LE JEU DE MAIL. 29
V.

Pour ce qui est de la *Chicane*, on y joüe en pleine campagne, dans des allées, des chemins, & partout où l'on se rencontre; on débute ordinairement par une volée, après quoy l'on doit joüer la Boule en quelque lieu pierreux ou embarassé qu'elle se trouve, & on finit la Partie en touchant un arbre, ou une pierre marquée qui sert de but, ou en passant par certains détroits dont on sera convenu, & celui dont la Boule qui aura franchi ce but sera la plus loin, supposé que les Joüeurs de part & d'autre soient du pair au plus, aura gagné.

VI.

A quelques unes de ces quatre manieres, on doit convenir avant le début, de ce que l'on joüe.

VII.

Personne ne doit se promener dans le Mail quand on joüe, à cause des accidens qui pourroient arriver.

VIII.

Il faut estre au moins à cent pas de distance pour ne pas blesser ceux qui sont devant, & crier toujours *gare* avant que de joüer.

IX.

Ceux qui dans un Jeu regulier ne sont ni du Roüet, ni d'aucune Partie, ni des Grands-Coups, ne doivent pousser qu'une Boule, afin de ne point incommoder les autres.

X.

Quiconque joüant manque tout à fait sa Boule, ce que l'on appelle faire une *piroüette*, perd un coup. Lorsque le Mail se casse en rabattant, ou qu'il se démanche : Si la Masse passe la Boule, le coup perdu est compté; mais si la Masse demeure derriere, le coup est nul, & le Joüeur recommence sans rien perdre.

XI.

Si l'on fait un faux coup, ou que l'on soit arrêté en quelque sorte que ce puisse estre, par la faute de ceux avec qui l'on joüe, ou du Porte-Leve, l'on pourra recommencer en quelque endroit du Jeu que ce soit, mais toutes autres Personnes, animaux ou rencontres, seront comme une pierre au Jeu.

XII.

L'on ne pourra en aucun lieu défendre les Boules de ceux avec qui on joüe, ni celles qui viendront à se heurter quand elles sont roulantes, si ce n'est qu'on les ait défenduës pour le Grand-Coup.

XIII.

On peut mettre sa Boule en beau pour joüer où on l'a trouvée, sans neanmoins l'avancer ni la reculer que ce ne soit de l'agréement des Joüeurs.

XIV.

Qui joüera une Boule étrangere ne perdra rien, & pourra joüer la sienne quand il la trouvera; mais celui qui joüera la Boule de quelqu'un de sa Compagnie, perdra un coup pour sa méprise, & continuëra à joüer du lieu où sera sa Boule, en comptant le coup perdu; & celui de qui il aura joüé la Boule, sera tenu d'en joüer une autre de la place où la sienne estoit; & si un Etranger joüe la Boule d'un des Joüeurs de la Partie, on la remet à peu près où on juge qu'elle estoit.

XV.

S'il survenoit des differends pour des coups ou des hazards imprévûs, on peut s'en rapporter au Maître du Jeu, ou à des Personnes presentes qui en ayent quelque experience, pour en passer sur le champ par leur Avis.

DU DÉBUT.

I.

Le Début est le premier coup que chacun joüe à toutes les Passes que l'on fait.

II.

On peut mettre du sable, de petites pierres, une carte roulée, ou un morceau de bois, pour élever sa Boule tant qu'on veut, quand on débute.

III.

Qui a une fois débuté pour estre de la Passe ou d'une Partie, ne pourra plus se retirer sans payer ce qu'on joüoit, si ce n'est du consentement des Joüeurs.

IV.

Quand la Boule de quelqu'un sort au Début, il peut rentrer la premiere fois pour deux, en joüant une seconde Boule, & si elle venoit à sortir encore, il ne peut plus rentrer de luy-même, mais par la permission des Joüeurs; & sa deuxiéme rentrée qui est la troisiéme Boule, luy coûte quatre Passes : S'il rentroit pour une quatriéme Boule, il luy en coûteroit huit, & ainsi du reste en doublant toujours.

V.

Quand le Jeu du Roüet est commencé, & qu'un de ceux qui en est, a gâté son Jeu pour avoir manqué, ou estre sorti & rentré en doublant les Mises, il peut

POUR LE JEU DE MAIL. 35
refuser un survenant de se mettre de la Partie, en attendant que la Passe ait esté finie.

VI.
Ceux qui portent au plus loin coup, ou à un certain arbre, doivent aller au moins jusques aux cent pas du Début des deux côtez, autrement ils ne peuvent plus prendre leur avantage.

VII.
Quiconque en débutant, aura mal joüé, sans sortir, de sorte qu'il ne puisse y aller en trois, ou en quatre, suivant que tous les autres y iront, il ne pourra rentrer pour deux, si les Joüeurs ne le veulent.

VIII.
Quand le Roüet a commencé, ou est à un Début, ceux qui se presentent pour en estre, doivent s'informer de ce que l'on joüe,

afin que personne ne puisse faire de mauvaise contestation là-dessus.

DES GRANDS-COUPS.

I.

Celui qui joüera au Grand-Coup en quelque lieu que ce soit, ayant du consentement de son Adversaire défendu toutes sortes de hazards, s'il en survient quelqu'un, le coup sera nul.

II.

Si le premier joüant au Grand-Coup, n'a rien défendu, celui qui joüe après ne peut rien défendre.

III.

Lorsque celui qui joüe le second au Grand-Coup, rencontre la Boule du premier, quand elle n'auroit fait que la toucher, cela suffit pour faire dire qu'elle a gagné, quand elle seroit restée en arriere.

IV.

Une Boule sortie peut gagner encore le Grand-Coup, si elle est allée plus loin, quoique hors du Jeu, en la remettant vis-à-vis d'où elle sera trouvée.

V.

Aux Grands-Coups, comme au Roüet & en Partie, ceux qui touchent aux ais ou aux murailles ne peuvent plus rien défendre, & courent le risque de tous les hazards.

DES BOULES SORTIES, ARRESTÉES, POUSSÉES, PERDUES, CHANGÉES, CASSÉES, ET DEFENDUES.

I.

Toute Boule roulante qui en rencontre une autre arrêtée dans les cinquante pas du Début, ou à vingt-cinq pas des autres coups, courra le hazard de la rencontre, si elle n'a esté defenduë avant que d'estre joüée. Mais cette défense n'aura pas lieu, si la Boule roulante touche les ais, ou les murailles, avant que de rencontrer l'autre Boule.

II.

Les cinquante & vingt-cinq pas se mesurent de l'endroit où l'on aura joüé, à celui où la Boule aura rencontré l'autre; passé ces distances, il n'y a plus rien à défendre, si ce n'est aux Grands-Coups, encore faut-il que les Joüeurs en soient convenus auparavant.

III.

Qui sortira perdra un coup, pour joüer sa Boule dans le Mail vis-à-vis l'endroit où elle sera trouvée.

IV.

Une Boule qui sera passée par

un trou des égoûts faits exprès pour faire écouler les eaux du Jeu, ne sera pas reputée sortie, & on la remettra dans le Jeu vis-à-vis, sans rien perdre.

V.

Boule fenduë ou collée, une fois défenduë, sert à toute une Séance d'entre mêmes Joüeurs, & si elle vient à s'éclater, le coup est nul, & celui à qui elle estoit, en joüe une autre.

VI.

Si une Boule non défenduë se casse, qu'un morceau vienne à sortir, & l'autre demeure dans le Jeu, il sera libre à celui qui l'aura joüée, de prendre ce dernier pour continuer la Partie, & joüer une autre Boule à sa place: Que si tous les morceaux estoient dehors, le Joüeur perd un coup pour rentrer.

VII.

Si une Boule arrêtée est avancée ou reculée par quelque hazard que ce soit, & que des Gens de bonne foy le disent, on pourra les croire, & la remettre à peu près où elle estoit.

VIII.

Celui dont la Boule sortira au second coup, pourra rentrer pour une autre Passe, de l'aveu des Joüeurs, en rejoüant d'où il estoit; il abandonne en ce cas sa premiere Passe, qui ne peut plus estre pour luy, quand il gagneroit la courante; mais cette Passe abandonnée sera pour tout autre qui s'en avisera le premier, en gagnant une Passe suivante.

IX.

Une Boule sortie au troisiéme ou quatriéme coup, le Joüeur ne pourra plus rentrer, & doit finir

la

la Partie comme il se trouvera.

X.

Celui à qui on a changé la Boule, peut joüer celle qu'il a trouvée à la place de la sienne.

XI.

Boule dérobée, met celui à qui elle estoit hors de la Partie, excepté celle dont il estoit rentré pour deux, on en place une autre pour luy où il plaît à la Compagnie, ce qui n'est qu'une tolerance.

DU TOURNANT, DU RAPPORT, ET DE L'AJUSTEMENT.

I.

Quand un Joüeur a sa Boule dans le Tournant, il ne luy est pas libre de s'élargir, mais il doit joüer du lieu où sera sa Boule, sur la ligne droite & de niveau des ais au tambour.

II.

On dit *estre tourné*, quand on a passé la ligne des ais vis-à-vis le tambour; & *estre en vuë*, quand de l'endroit où est sa Boule, on voit à plein l'Archet de la Passe.

III.

Pour s'ajuster au troisiéme ou quatriéme coup, il doit toujours estre joüé du Mail, & jamais en aucun cas il ne le peut estre de la Leve, laquelle ne sert que pour tirer la Passe.

IV.

Quand on joüe en trois coups de Mail, si quelqu'un plus fort que les autres, alloit en Passe ou approchant en deux; ou bien s'il y alloit en trois coups, quand on est convenu d'y aller en quatre, il doit alors rapporter sa Boule aux cinquante pas, à compter de la pierre, pour joüer son coup

d'ajuſtement avec le Mail.
V.
Celui dont la Boule eſt allée le plus avant vers la Paſſe, eſt obligé de la rapporter le premier, & de joüer ſon coup d'ajuſtement des cinquante pas, & ainſi des autres de même ſuite.

DE LA PASSE.

I.
Ceux qui arriveront les premiers à la Paſſe, l'acheveront avant que d'autres Joüeurs qui les ſuivent, puiſſent les interrompre, eſtant des regles de la bienſéance d'attendre, afin que chacun puiſſe joüer à ſon tour, ſans eſtre empêché ni incommodé.

II.
Toute Boule qui tient de la pierre eſt en Paſſe, & celle qui tient du fer eſt derriere.

III.

Qui passe à son troisiéme coup est derriere, & doit revenir en son rang; il en est de même à celui qui passe au quatriéme, quand on jouë en quatre coups de Mail.

IV.

Si joüant en trois coups l'on est poussé par une ou plusieurs Boules du Jeu, qui depuis le premier ou le second coup vous menent jusques en Passe, non seulement celui qui aura esté poussé ne rapportera pas aux cinquante, mais s'il se trouvoit si avant que d'autres de la Partie vinssent à tirer, & passer dans leur ordre, ou à deux de plus de celui qui auroit esté si heureusement avancé, il pourra alors tirer la Passe, non avec son Mail, mais avec sa Leve, du lieu où il se trouvera comme obligé, autrement, l'avantage d'avoir esté poussé si avant, luy demeureroit inutile.

V.

Et si personne n'ayant passé, quelqu'un des autres Joüeurs se trouve avant luy plus près du fer, il peut faire deux choses; l'une, ou s'ajuster du Mail sur les plus avancez, pour tirer avant ou après eux, suivant son ordre, ou tirer la Passe avec la Leve du lieu où il sera, auquel cas il ne le fera que comme s'il estoit à son ordre.

VI.

Quand on est arrivé vers la Passe, le premier qui y tire, peut faire dresser le fer, s'il n'estoit pas bien droit & à plomb, mais si quelqu'un estoit à côté du fer qui eût de la peine à pouvoir passer, on doit en ce cas laisser l'Archet comme il est, à cause du hazard; & si celui qui se trouve incommodé, y touche de son autorité privée, sans l'avoir demandé à ses Compagnons, on doit l'obliger de rigueur à le faire remettre comme il estoit, ou bien comme la Compagnie le jugera à propos.

VII.

Il n'est pas permis de biller la Boule de sa Partie, ni se mettre devant elle & joignant, quand on revient de derriere, à moins qu'on ne joüe sa Boule de l'endroit où elle s'est trouvée.

VIII.

Pour juger si une Boule tient du fer, il faut passer un fil entre la Boule & les deux montans de l'Archet qui sera à plomb, si le fil touche tant soit peu la Boule, elle est reputée derriere, ce qui sera mesuré par le Porte-Leve, ou par toute autre Personne desinteressée.

IX.

Qui tire au plus sur un qui est au pair, ne peut plus revenir, à moins qu'ils ne soient les deux derniers Joüeurs qui restent, & alors son retour est de peu de consequence; mais celui qui tire au pair, & revient au plus, il a encore quelque ressource.

X.

L'on ne peut revenir de derriere, que tous les autres Joüeurs ne soient venus à la pierre de Passe, & le plus éloigné du point du milieu du fer, doit revenir le premier.

XI.

Quand quelqu'un est en Passe, s'il vouloit s'ajuster pour se mettre en beau au milieu du Jeu, il faut qu'il prenne garde à ne pas s'éloigner du fer plus qu'il estoit, parce qu'il perdroit son coup, & par consequent la Passe.

XII.

Un Joüeur voulant passer, s'il se trouve une Boule étrangere devant ou derriere la sienne qui le gêne & l'incommode, il peut l'ôter sans hesiter, mais si c'est une Boule des Joüeurs elle doit demeurer où elle se trouve, & telle qu'elle est, quand ce seroit un Tabacan, pourvû qu'elle n'eût pas esté remuée par celui à qui elle est; car s'il l'avoit touchée pour y mettre sa Boule de Passe, il la doit laisser.

XIII.

Qui a esté pour deux ou pour plusieurs du coup du Début, profite de tout s'il gagne la Passe; mais s'il est rentré au second, il pourra bien gagner la Passe des autres,

autres, & se sauver même pour la derniere. Mais pour la premiere qu'il a abandonnée, elle est absolument perduë pour luy, & elle appartient à celui qui gagne la Passe suivante, s'il se souvient de la demander.

XIV.

Quand celui qui a gagné la Passe, débute sans avoir demandé auparavant si quelqu'un estoit pour deux, il perd cette Passe oubliée, *& on l'envoye*, comme on dit communément, *à Avignon*; cette même Passe se trouve donc alors encore suspenduë ou reservée pour celui qui gagnera la Passe suivante, pourvû qu'il n'oublie pas de la demander.

XV.

Si quelqu'un est pour deux ou pour plusieurs du Début, & que l'on fasse sauve avec luy, sans

E

s'expliquer pour combien, il ne sera regulierement sauvé, que pour une Passe; car pour estre sauvé du total, il faut s'en estre auparavant expliqué.

XVI.

Celui qui aura sauvé un de la Troupe, & qui viendra à partager les Passes avec un autre, sans tirer, prendra dans son Lot celui qu'il aura sauvé.

XVII.

Qui passe au pair, ou au plus, gagne, & qui passe à deux de plus, oblige, c'est-à-dire, qu'il gagne; si celui qui joüe reste à un de plus après luy, manque à passer, & si ce dernier passe, il gagne tout.

XVIII.

Il faut avoir affranchi le fer par dedans pour avoir passé, & si, comme il arrive quelquefois, la

Boule frapant le fer passoit, & revenoit en piroüettant en deçà du fer, elle ne laisseroit pas d'avoir gagné, comme estant une fois passée, par la même raison qu'une Boule qui ayant esté derriere, reviendroit en avant du fer par la force du coup, ou autrement on la doit remettre derriere aussi loin qu'elle seroit trouvée revenuë devant.

XIX.

Qui tire au pair ou au plus à la Passe, & rencontre une Boule, la mettant derriere elle y est bien mise.

XX.

Qui passe de la Leve, voulant s'ajuster au pair ou au plus, sera reputé derriere, & ne gagnera pas, à moins qu'il n'ait joüé précisément du lieu où estoit sa Boule. C'est pourquoi quand on veut faire ce coup, il est toujours bon d'avertir qu'on joüe pour passer ou pour se mettre sous les fers.

XXI.

Si quelqu'un tirant à la Passe, fait passer une autre Boule avant la sienne, la premiere passée gagne, pourvû qu'elle soit en son ordre du pair ou du plus; car si par exemple elle estoit à deux de plus, & que celle qui l'auroit fait passer passât aussi la derniere, celle-ci gagneroit comme obligée de passer à reste un de plus de l'autre.

XXII.

Pour biller une Boule que l'on veut mettre derriere, & passer, il ne faut point porter la Leve jusques sur l'autre Boule pour la pousser en trainant, ce qui s'appelle *billarder*; mais on doit joüer franchement sa Boule pour aller chasser l'autre, sans l'aide de la Leve, & qui fait autrement perd la Passe: Mais si les Boules se joignent de maniere qu'on ne puisse joüer qu'en les poussant toutes deux ensemble avec la Leve, le coup alors sera bon.

XXIII.

Qui se trouve à trois de plus, celui qui doit joüer reste à deux, estant en Passe, le trois de plus n'a que faire de tirer, parce qu'il n'en est plus.

XXIV.

Quand on est proche de la Passe & à côté du fer, ce qu'on dit estre *la place aux Ninis*, il faut passer de la Leve en droite ligne, sans biaiser ni tourner la main, & sans porter la Leve dans l'Archet en *crochetant*, comme on dit, car alors on triche, & l'on doit perdre la Passe.

XXV.

Celui à qui par trop d'ardeur ou autrement, la Boule de Passe échape de la Leve sans la joüer, perd un coup.

XXVI.

Si la Boule de Passe sortoit par le bout du Mail sans avoir passé, elle ne seroit pas censée sortie, & le Joüeur pourroit revenir, s'il estoit encore en état pour cela.

XXVII.

Qui leve sa Boule croyant estre seul sur le Jeu, & avoir gagné, ne perd pas son coup, mais il doit remettre sa Boule où elle estoit, & joüer à son ordre pour finir la Partie avec celui qui reste, parce qu'on excuse facilement la bonne foy de ceux qui ne s'apperçoivent pas quelquefois d'une Boule qui est écartée, à quoy pourtant tout Joüeur doit bien prendre garde.

XXVIII.

De même maniere si un Joüeur passant à deux de plus, & ne faisant qu'obliger un qui joüeroit reste à un après luy, celui-ci croyant que l'autre estoit en ordre, viendroit à lever imprudemment sa Boule, il ne doit pas perdre pour cela son coup, parce qu'il est censé dans la bonne foy, & on doit luy permettre de tirer son coup.

DE LA PARTIE.

I.

Ceux qui joüent en Partie liée ne peuvent point rentrer au Début, ni à aucun autre coup.

II.

Ils peuvent nuire en tout & partout à ceux du parti contraire, & aider aussi à ceux qui sont de leur côté, les pousser même jusques à la Passe, s'il estoit possible, pour les faire gagner, pourvû que ce soit dans les bonnes formes & sans tricherie.

III.

La Boule qui incommodera quelqu'un du même côté, pourra estre levee, afin qu'il puisse tirer à la Passe sans gêne, mais dèslors elle ne sera plus du Jeu.

IV.

En Partie liée comme au Roüet, il n'y a que les deux derniers qui puissent revenir l'un contre l'autre, pour clorre la Passe, s'ils sont en ordre.

V.

Une Partie commencée ne doit se rompre que du consentement des Joüeurs, autrement celui qui la quitte la perd, & sera tenu de payer ce que l'on joüoit.

POUR LE JEU DE MAIL. 57
VI.

On doit empêcher les Gens de Livrées d'incommoder les Joüeurs, de joüer même quand il y a des Parties faites, & on devroit les accoutumer de se tenir hors du Jeu, à la suite de leurs Maîtres avec le Porte-Leve, afin de prendre garde aux Boules qui sortent, & pour ne donner aucun soupçon aux Joüeurs d'avoir avancé ou reculé les Boules, ce qui fait souvent de la peine à plusieurs.

REGLES PARTICULIERES.

CONCERNANT LE MAISTRE DU MAIL, OU SON COMMIS, OU LES PORTES-LEVES.

Quiconque voudra joüer sera tenu de venir à la Loge

du Maître, ou de celui qui tiendra sa place, pour y prendre un Mail & des Boules, & s'il en apporte, il n'entrera point au Jeu sans en avoir averti ou fait avertir le Maître ou le Commis, pour luy payer le Droit de son Jeu, suivant ce qu'on a coutume de donner.

II.

Le Maître fournira des Boules, des Mails, & des Leves à ceux qui n'en auront point, moyennant dix sols pour tout depuis six heures du matin jusques à midi, & depuis une heure jusques au soir; Mais ceux qui ont leur Equipage de Mail ne devroient payer que la moitié, ou tout au plus les deux tiers, & en ce dernier cas, le Droit pour le Porte-Leve y doit estre compris.

III.

Si l'on casse un Manche du Jeu, on payera vingt sols; si on perd ou si l'on casse une Boule, dix sols; si l'on perd la Boule de Passe, vingt sols; si l'on perd ou si l'on casse la Leve, trente sols; & si l'on casse la tête du Mail on ne payera rien, pourvû qu'on en rapporte les morceaux, faute de quoy on payera trente sols; & pour loüer une Leve & une Boule de Passe, cinq sols.

IV.

Les Portes-Leves doivent aller toujours devant le coup, autant qu'il est possible, pour crier gare, prendre garde aux Boules, empêcher qu'on ne les change ni qu'on ne les perde, & les remettre dans le Jeu quand elles sont sorties, vis-à-vis l'endroit où elles se trouvent.

FIN.

APPROBATION.

J'AY lû par ordre de Monseigneur le Chancelier, un Manuscrit intitulé, *Nouvelles Regles pour le Jeu de Mail*; où je n'ay rien trouvé qui en doive empêcher l'Impression. Fait à Paris ce trentiéme Avril mil sept cens dixsept. *Signé*, TERRASSON.

LOUIS PAR LA GRACE DE DIEU, ROY DE FRANCE ET DE NAVARRE. A nos amez & feaux Conseillers les Gens tenans nos Cours de Parlement, Maîtres des Requestes ordinaires de nôtre Hôtel, Grand-Conseil, Prevôté de Paris, Baillifs, Senéchaux, leurs Lieutenans Civils, & autres nos Justiciers qu'il appartiendra, SALUT. Nôtre bien amé JOSEPH LAUTHIER, l'un de nos Conseillers Secretaires, Maison, Couronne de France, & de nos Finances, nous a fait exposer qu'ayant en sa possession un petit Ecrit qui a pour Titre, *Nouvelles Regles pour le Jeu de Mail*, que diverses Personnes de consideration luy ont demandé; il nous a tres humblement fait supplier de luy vouloir accorder un Privilege de ce petit Ouvrage, pour satisfaire la curiosité de ceux qui aiment cet Exercice, & de vouloir luy accorder nos Lettres de Permission sur ce necessaires. A CES CAUSES, desirant favorablement traiter l'Exposant, nous luy avons permis & accordé, permettons & accordons par ces Presentes, de faire imprimer, vendre & débiter dans tous les Lieux de nôtre obeïssance, par tel Imprimeur qu'il voudra choisir, *Les Nouvelles Regles pour le Jeu de Mail, tant sur la maniere d'y bien jouer, que pour décider les divers évenemens qui peuvent arriver à ce Jeu*, en tels caracteres, en telle grandeur, & autant de fois que bon luy semblera, l'espace de trois années consécutives, à compter du jour & datte des Presentes. Défendons à tous Imprimeurs, Libraires, & autres Personnes, de quelque qualité & condition qu'elles soient, d'imprimer, faire imprimer ou contrefaire, vendre ni debiter lesdites Nouvelles Regles du Jeu de Mail, & d'en faire aucun extrait sous quelque pretexte que ce puisse estre, même d'impression étrangere, sans le consentement par écrit de l'Exposant ou de ses Ayans-cause, sous peine de cinq cens livres d'amende contre chacun des Contrevenans, applicable un tiers à Nous, un tiers à l'Hôtel-Dieu de Paris, l'autre tiers à l'Exposant; de confiscation des Exemplaires contrefaits, & de tous dépens, dommages & interests; à condition de faire registrer ces Presentes dans trois mois du jour de leur date, sur le Registre de la Communauté des Imprimeurs & Libraires de Paris, que l'Impression dudit Livre sera faite en beaux caracteres, sur de beau & bon papier, dans nôtre Royaume, & non ailleurs, conformément aux Reglemens de la Librairie : Et qu'avant d'exposition dudit Livre en vente, il en sera mis deux Exemplaires dans nôtre Bibliotheque publique, un dans le Cabinet de nos Livres en nôtre Château du Louvre, & un dans la Bibliotheque de nôtre tres cher & tres feal Chevalier Chancelier de France le Sieur DAGUESSEAU; le tout à peine de nullité des Presentes. Du contenu desquelles vous mandons & enjoignons de faire joüir l'Exposant ou ses Ayanscause, pleinement & paisiblement, sans souffrir qu'il luy soit fait aucun trouble ou empêchement. Voulons que la Copie desdites Presentes qui sera imprimée au commencement ou à la fin dudit Livre, soit tenuë pour dûëment signifiée; & qu'aux Copies collationnées par l'un de nos amez & feaux Conseillers Secretaires, foy soit ajoûtée comme à l'Original. Commandons au premier nôtre Huissier ou Sergent de faire pour l'execution d'icelles tous Actes requis & necessaires, sans qu'il soit besoin d'autre Permission; nonobstant Clameur de Haro, Chartre Normande, & autres Lettres à ce contraires : CAR tel est nôtre plaisir. DONNÉ à Paris le quatriéme jour de May l'an de grace mil sept cens dixsept : Et de nôtre Regne le deuxiéme. *Signé*, Par le Roy, en son Conseil, DEZALLIER, avec Paraphe.

Il est ordonné par l'Edit du Roy du mois d'Aoust 1686, & Arrests de son Conseil, que les Livres dont l'Impression se permet par Privilege de Sa Majesté, ne pourront estre vendus que par un Libraire ou Imprimeur.

Registré sur le Registre quatriéme de la Communauté des Libraires & Imprimeurs de Paris, Page 149, Numero 177, conformément aux Reglemens, & notamment à l'Arrest du Conseil du 13 Aoust 1703. A Paris, le 12 May 1717. Signé, DELAULNE, Syndic.

A PARIS,
De l'Imprimerie de CHARLES HUGUIER, Imprimeur-Libraire, ruë Saint Jacques, vis-à-vis la ruë de la Parcheminerie, à la Sagesse. 1717.

www.ingramcontent.com/pod-product-compliance
Lightning Source LLC
LaVergne TN
LVHW021007090426
835512LV00009B/2128